学校 - школа 2

旅行 - путовање 5

輸送 - транспорт 8

都市 - град 10

風景 - пејсаж 14

レストラン - ресторан 17

スーパーマーケット - супермаркет 20

飲み物 - напитци 22

食べ物 - јело 23

農場 - сеоско газдинство 27

家 - кућа 31

リビングルーム - дневна соба 33

台所 - кухиња 35

浴室 - купаоница 38

子供部屋 - дечија соба 42

衣服 - одећа 44

オフィス - канцеларија 49

経済 - економија 51

職業 - занимања 53

道具 - алати 56

楽器 - музички инструмент 57

動物園 - зоолошки врт 59

スポーツ - спорт 62

活動 - активности 63

家族 - породица 67

体 - тело 68

病院 - болница 72

救急 - хитни случај 76

地球 - земља 77

時計 - сат 79

週 - седмица 80

年 - година 81

形 - облици 83

色 - боје 84

反対 - супротности 85

数 - бројеви 88

言語 - језици 90

誰 / 何 / どう - ко / шта / како 91

どこ - где 92

Impressum
Verlag: BABADADA GmbH, Nedderfeld 112 , 22529 Hamburg
Geschäftsführer / Verlagsleitung: Harald Hof
Druck: Books on Demand GmbH, In de Tarpen 42, 22848 Norderstedt

Imprint
Publisher: BABADADA GmbH, Nedderfeld 112 , 22529 Hamburg, Germany
Managing Director / Publishing direction: Harald Hof
Print: Books on Demand GmbH, In de Tarpen 42, 22848 Norderstedt, Germany

学校

школа

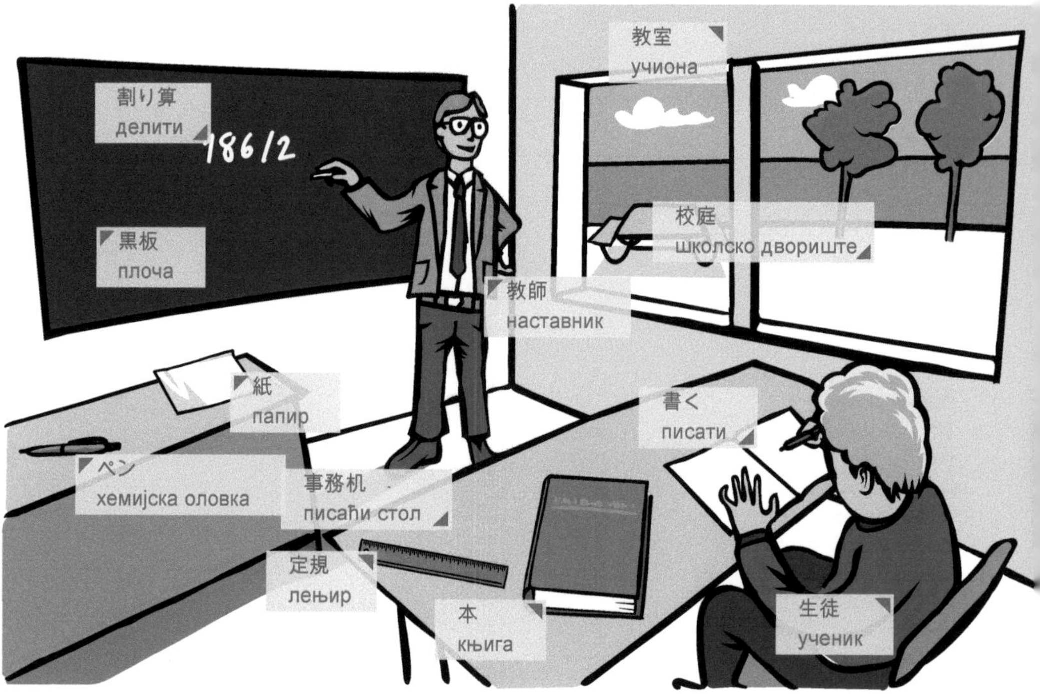
教室
учиона
割り算
делити
186/2
黒板
плоча
校庭
школско двориште
教師
наставник
紙
папир
書く
писати
ペン
хемијска оловка
事務机
писаћи стол
定規
лењир
本
књига
生徒
ученик

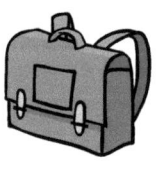

ランドセル

торба

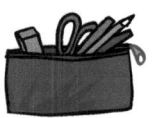

筆入れ

перница

鉛筆

графитна оловка

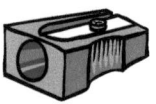

鉛筆削り

шиљило за оловке

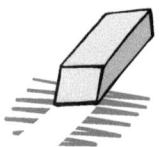

消しゴム

гумица за брисање

スケッチブック

блок за цртање

スケッチ

цртеж

絵筆

кист

絵の具箱

кутија са бојама

はさみ

маказе

接着剤

лепило

練習帳

бележница

宿題

домаћи задатак

12

数

број

2+2

足し算

сабирати

5-2

引き算

одузимати

2×2

かけ算

множити

計算する

рачунати

A

文字

слово

ABCDEFG
HIJKLMN
OPQRSTU
VWXYZ

アルファベット

абецеда

hello

単語

реч

テキスト

текст

読む

читати

チョーク

креда

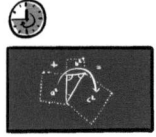

授業

час

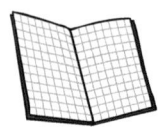

学級日誌

дневник

試験

испит

通知表

сведочанство

制服

школска униформа

教育

образовање

百科事典

лексикон

大学

универзитет

顕微鏡

микроскоп

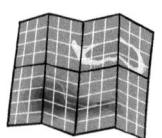

地図

карта

ごみ箱

кошара за папир

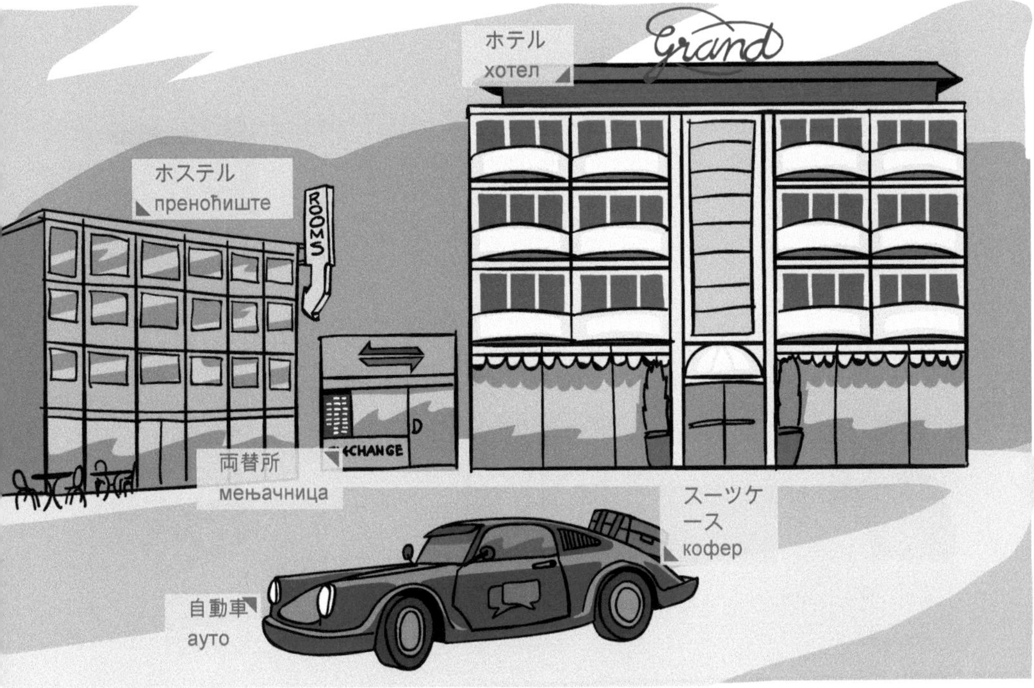

ホテル
хотел
Grand
ホステル
преноћиште
ROOMS
CHANGE
両替所
мењачница
スーツケース
кофер
自動車
ауто

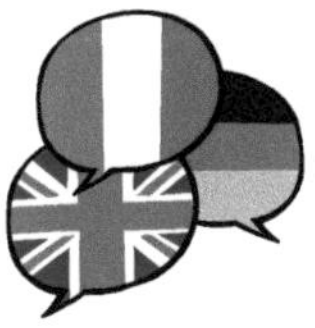

言語

језик

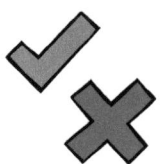

はい / いいえ

да / не

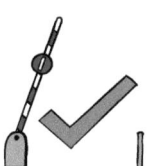

問題ない

океј

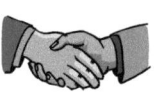

ハロー

здраво

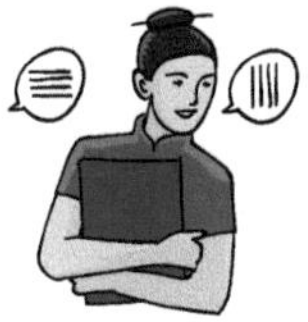

翻訳者

преводилац

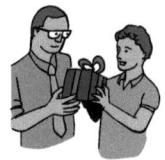

ありがとう

хвала

…はいくらですか？

Колико кошта…?

わかりません

не разумем

問題

проблем

こんばんは！

добро вече!

おはようございます！

Добро јутро!

おやすみなさい！

Лаку ноћ!

さようなら

довиђења

方向

смер

手荷物

пртљага

バッグ

торба

リュックサック

руксак

お客様

гост

部屋

соба

寝袋

врећа за спавање

テント

шатор

旅行者情報

туристичке информације

ビーチ

плажа

クレジットカード

кредитна картица

朝食

доручак

昼食

ручак

夕食

вечера

チケット

карта за вожњу

エレベーター

лифт

スタンプ

поштанска маркица

境界

граница

税関

царина

大使館

амбасада

ビザ

виза

パスポート

пасош

транспорт

飛行機
авион

船
брод

消防車
ватрогасно возило

トラック
теретно возило

バス
аутобус

モーターボート
моторни чамац

自動車
ауто

自転車
бицикл

フェリー

трајект

ボート

чамац

バイク

мотоцикл

パトカー

полицијски ауто

レーシングカー

тркаћи ауто

レンタカー

изнајмљено ауто

カーシェアリング

дељење аутомобила

レッカー車

вучно возило

ごみ収集車

возило за одвоз смећа

モーター

мотор

燃料

бензин

ガソリンスタンド

бензинска станица

交通標識

саобраћајни знак

交通

саобраћај

渋滞

застој

駐車場

паркиралиште

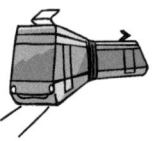

駅

железничка станица

道

шине

列車

воз

路面電車

трамвај

車両

вагон

ヘリコプター

хеликоптер

空港

аеродром

タワー

кула

乗客

путник

コンテナ

контејнер

段ボール箱

картон

カート

колица

カゴ

корпа

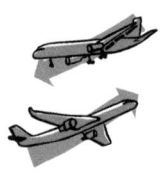

離陸 / 着陸

узлетети / слетети

都市

град

村

село

都心

центар града

家

кућа

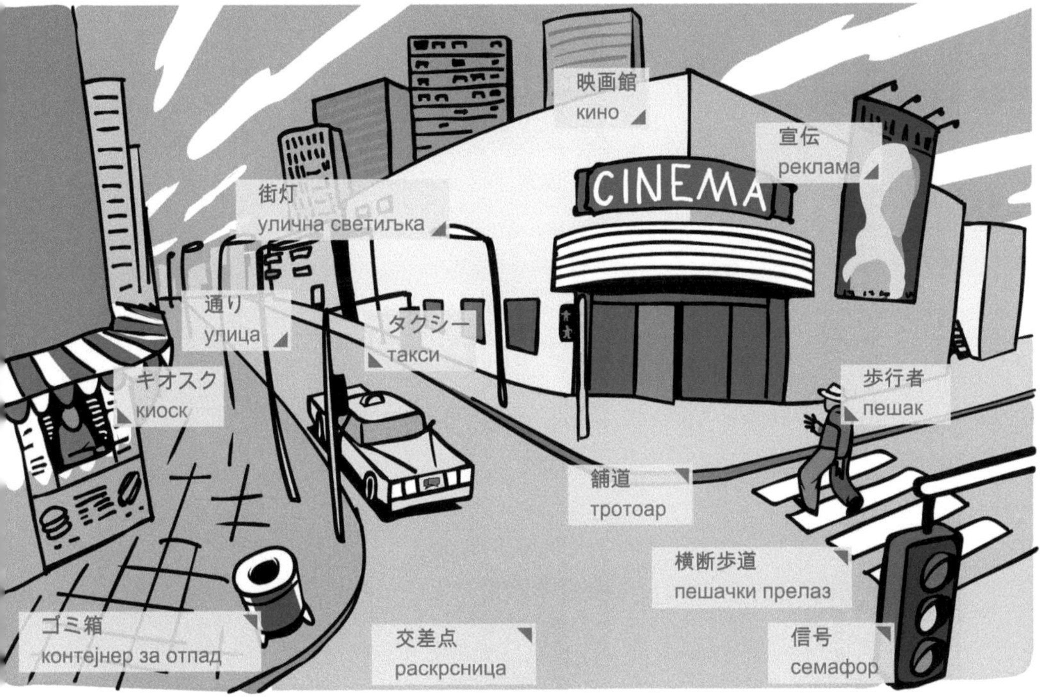

映画館
кино

宣伝
реклама

街灯
улична светиљка

通り
улица

タクシー
такси

キオスク
киоск

歩行者
пешак

舗道
тротоар

横断歩道
пешачки прелаз

ゴミ箱
контејнер за отпад

交差点
раскрсница

信号
семафор

小屋
колиба

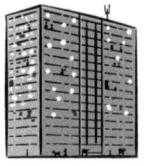

アパート
стан

駅
железничка станица

市役所
већница

美術館
музеј

学校
школа

都市 - град

11

大学

универзитет

銀行

банка

病院

болница

ホテル

хотел

薬局

апотека

オフィス

канцеларија

書店

књижара

ショップ

продавница

花屋

цвећара

スーパーマーケット

супермаркет

市場

трг

デパート

робна кућа

魚屋

рибарница

ショッピングセンター

трговачки центар

港

лука

公園

парк

ベンチ

клупа

橋

мост

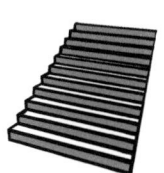

階段

степенице

地下鉄

подземна железница

トンネル

тунел

バス停

аутобуска станица

バー

бар

レストラン

ресторан

ポスト

поштанско сандуче

道路標識

улични знак

パーキングメーター

паркирни аутомат

動物園

зоолошки врт

スイミングプール

базен

モスク

џамија

農場

сеоско газдинство

汚染

загађење околине

墓地

гробље

教会

црква

遊び場

игралиште

寺

храм

風景

пејсаж

葉
лист

道標
путоказ

道
пут

草地
ливада

石
камен

木
дрво

ハイカー
шетач

川
река

草
трава

花
цвет

谷

долина

山

планина

湖

језеро

森

шума

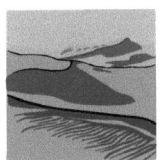

砂漠

пустиња

火山

вулкан

城

дворац

虹

дуга

キノコ

гљива

ヤシの木

палма

蚊

москито

ハエ

мува

蟻

мрав

ミツバチ

пчела

クモ

паук

風景 - пејсаж

カブトムシ

буба

蛙

жаба

リス

веверица

ハリネズミ

јеж

ウサギ

зец

フクロウ

сова

鳥

птица

白鳥

лабуд

雄豚

дивља свиња

鹿

јелен

ヘラジカ

лос

ダム

насип

風力タービン

ветрењача

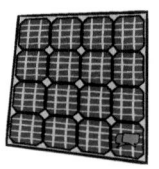

ソーラーパネル

соларна плоча

気候

клима

レストラン
ресторан

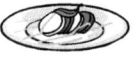

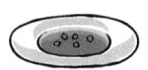

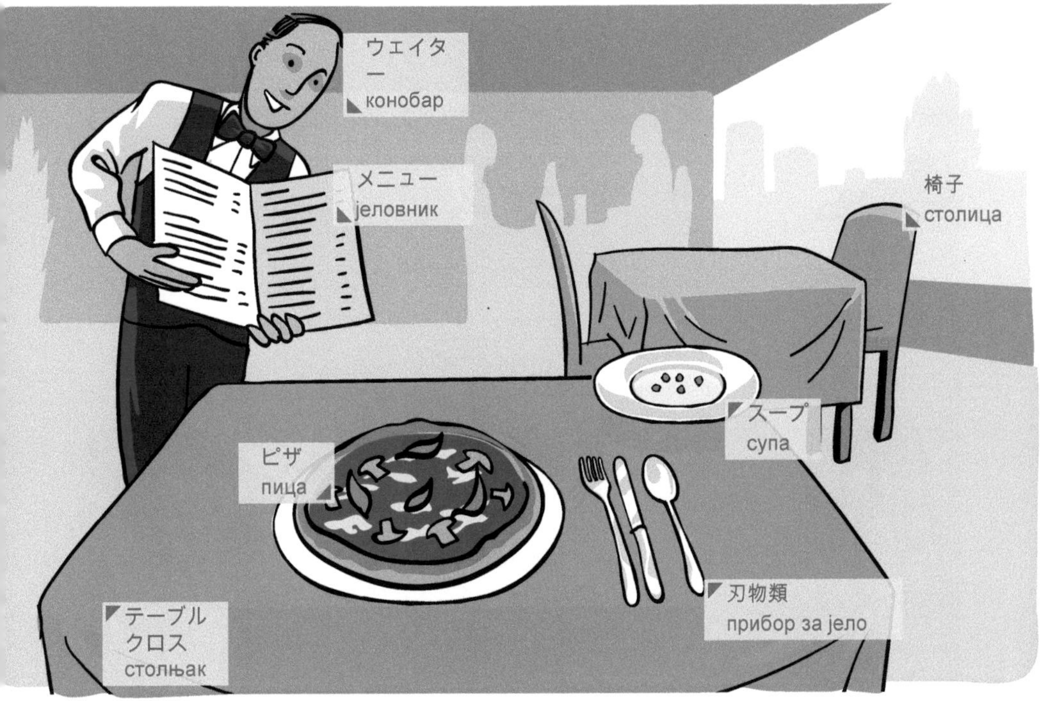
ウェイター
конобар
メニュー
јеловник
椅子
столица
スープ
супа
ピザ
пица
刃物類
прибор за јело
テーブルクロス
стољњак

前菜

предјело

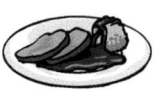

メインコース

главно јело

デザート

десерт

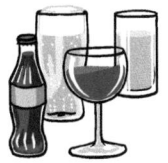

飲み物

напитци

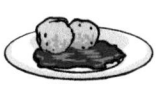

食べ物

јело

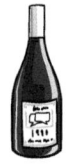

ボトル

флаша

ファストフード

брза храна

屋台の食べ物

имбис храна

ティーポット

чајник

砂糖入れ

доза за шећер

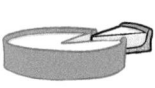

一人前

порција

エスプレッソマシン

апарат за еспресо

幼児用食事椅子

висока столица

請求書

рачун

トレー

послужавник

ナイフ

нож

フォーク

виљушка

スプーン

кашика

ティースプーン

чајна кашика

ナプキン

салвета

グラス

чаша

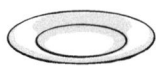

皿

тањир

スープ皿

тањир за супу

受け皿

тањирић

ソース

сос

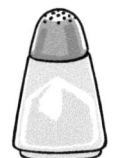

塩入れ

сољенка

ペッパーミル

млин за бибер

酢

сирће

油

уље

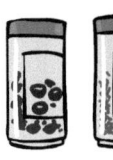

スパイス

зачини

ケチャップ

кечап

マスタード

сенф

マヨネーズ

мајонеза

スーパーマーケット

супермаркет

特価品
понуда
FOR
顧客
купац
乳製品
млечни производи
果物
воће
ショッピング・カート
колица за куповину

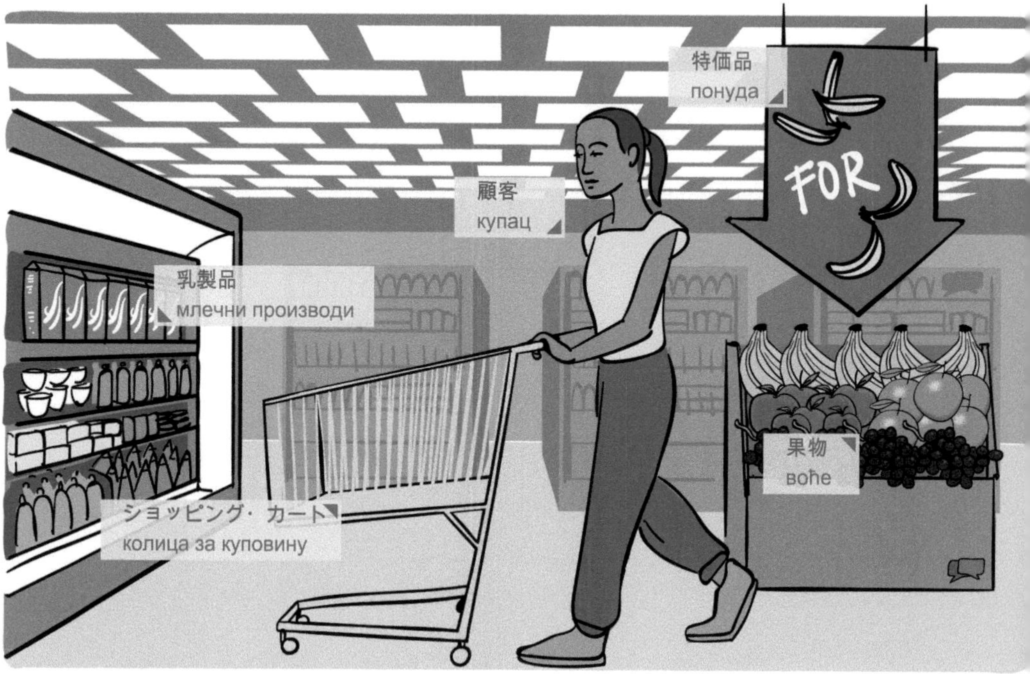

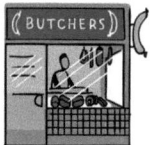

BUTCHERS

肉屋

месница

BAKERY

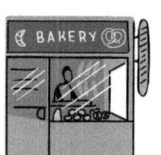

パン屋

пекара

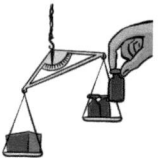

重さをはかる

вагати

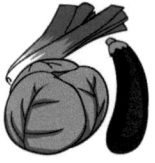

野菜

поврће

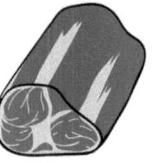

肉

месо

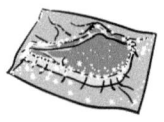

冷凍食品

смрзнута храна

冷肉の薄切り

нарезак

缶詰食品

конзерве

洗剤

средство за прање

菓子

слаткиши

家庭用品

артикли за домаћинство

清掃用品

средства за чишћење

販売員

продавачица

現金箱

благајна

レジ係

благајник

買い物リスト

листа за куповину

開館時刻

време рада

財布

новчаник

クレジットカード

кредитна картица

バッグ

торба

ポリ袋

пластична кеса

水

вода

ジュース

сок

牛乳

млеко

コーラ

кола

ワイン

вино

ビール

пиво

アルコール

алкохол

ココア

какао

紅茶

чај

コーヒー

кава

エスプレッソ

еспресо

カプチーノ

капућино

バナナ

банана

リンゴ

јабука

オレンジ

наранџа

メロン

лубеница

レモン

лимун

ニンジン

шаргарепа

ニンニク

бели лук

竹

бамбус

玉ねぎ

лук

キノコ

гљива

ナッツ

орашасти плодови

ヌードル

резанци

スパゲッティ

шпагете

米

рижа

サラダ

салата

フライドポテト

помфрит

フライドポテト

печени крумпир

ピザ

пица

ハンバーガー

хамбургер

サンドウィッチ

сендвич

カツレツ

шницла

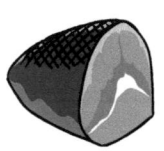

ハム

шунка

サラミ

салама

ソーセージ

кобасица

鶏肉

кокош

焼き

печење

魚

риба

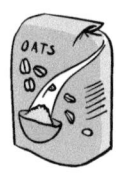

麦のお粥

зобене пахуљице

ムーズリ

мусли

コーンフレーク

кукурузне пахуљице

小麦粉

брашно

クロワッサン

кроасан

ロールパン

пециво

パン

хлеб

トースト

тоаст

ビスケット

кекси

バター

маслац

カッテージチーズ

свежи сир

ケーキ

колач

卵

jaje

目玉焼き

jaje на око

チーズ

сир

アイスクリーム

сладолед

砂糖

шећер

はちみつ

мед

ジャム

мармелада

ヌガークリーム

нугат крема

カレー

кари

農場

сеоско газдинство

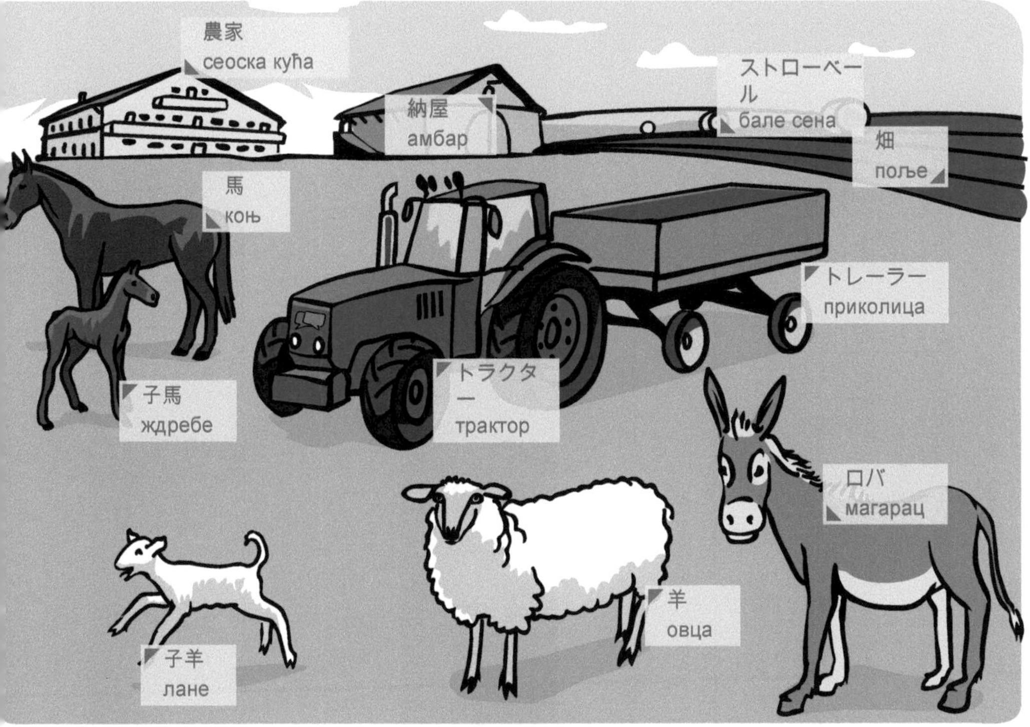

農家
сеоска кућа
納屋
амбар
ストローベール
бале сена
畑
поље
馬
коњ
トレーラー
приколица
子馬
ждребе
トラクター
трактор
ロバ
магарац
羊
овца
子羊
лане

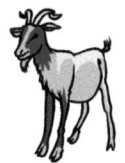

ヤギ

коза

雌牛

крава

子牛

теле

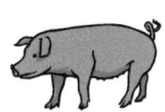

豚

свиња

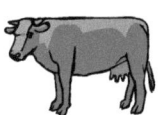

子豚

прасе

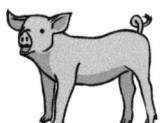

雄牛

бик

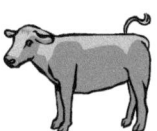

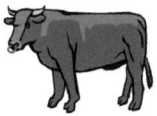

ガチョウ

グуска

アヒル

патка

ひよこ

пилићи

にわとり

кокош

おんどり

петао

ネズミ

пацов

猫

мачка

ねずみ

миш

雄牛

вол

犬

пас

犬小屋

кућица за пса

散水ホース

вртно црево

じょうろ

канта за поливање

大鎌

коса

すき

плуг

草刈り鎌

срп

くわ

мотика

堆肥用フォーク

виљушка за ђубриво

斧

секира

手押し車

тачке

かいばおけ

корито

牛乳缶

посуда за млеко

袋

врећа

フェンス

ограда

畜舎

штала

温室

стакленик

土壌

земља

種

семе

肥料

ђубриво

コンバイン

комбајн

農場 - сеоско газдинство

収穫する
....
жети

収穫
....
жетва

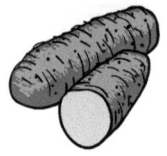

ヤマイモ
....
jamc зачин

小麦
....
пшеница

大豆
....
coja

じゃがいも
....
крумпир

トウモロコシ
....
кукуруз

菜種
....
уљана репица

果樹
....
воћка

キャッサバ
....
гомољ маниоко

穀物
....
житарице

家

кућа

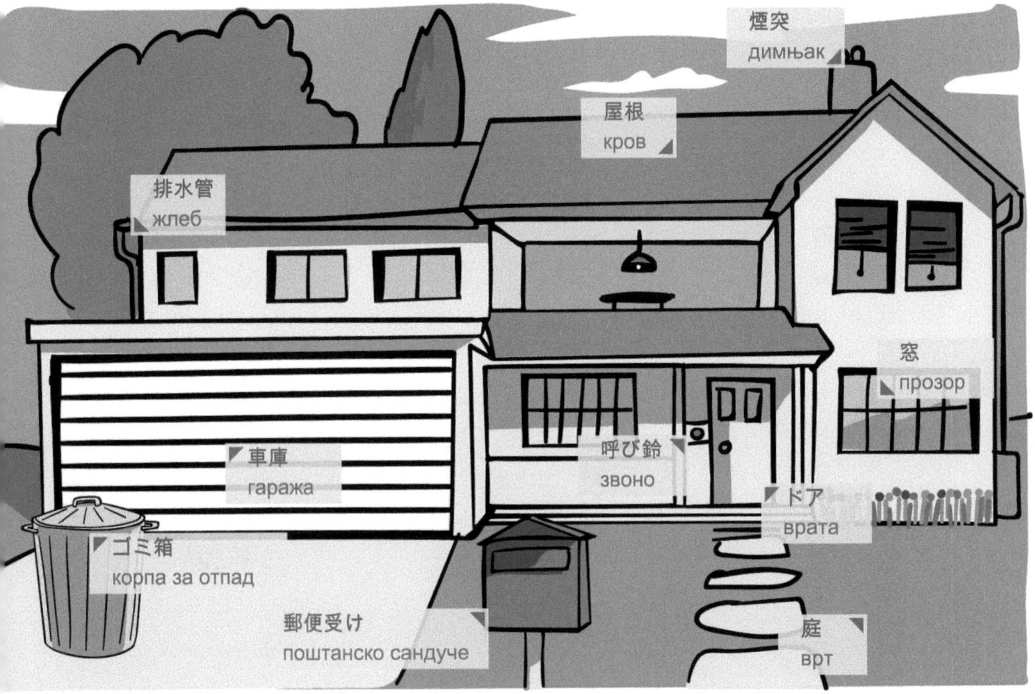

煙突
димњак
屋根
кров
排水管
жлеб
窓
прозор
車庫
гаража
呼び鈴
звоно
ドア
врата
ゴミ箱
корпа за отпад
郵便受け
поштанско сандуче
庭
врт

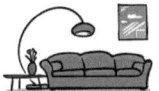

リビングルーム

дневна соба

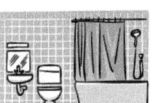

浴室

купаоница

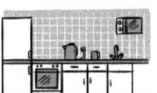

台所

кухиња

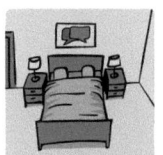

寝室

спаваћа соба

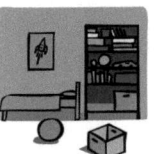

子供部屋

дечија соба

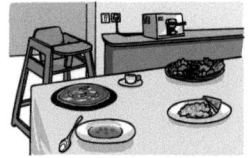

ダイニング・ルーム

трпезарија

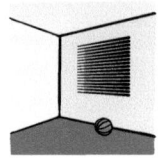

床

<hr />

под

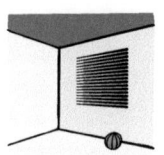

壁

<hr />

зид

天井

<hr />

строп

地下貯蔵庫

<hr />

подрум

サウナ

<hr />

сауна

バルコニー

<hr />

балкон

テラス

<hr />

тераса

プール

<hr />

базен

芝刈り機

<hr />

косилица за траву

シーツ

<hr />

постељина за кревет

ベッドカバー

<hr />

дека за кревет

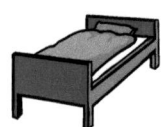

ベッド

<hr />

кревет

ほうき

<hr />

метла

バケツ

<hr />

канта

スイッチ

<hr />

прекидач

リビングルーム

дневна соба

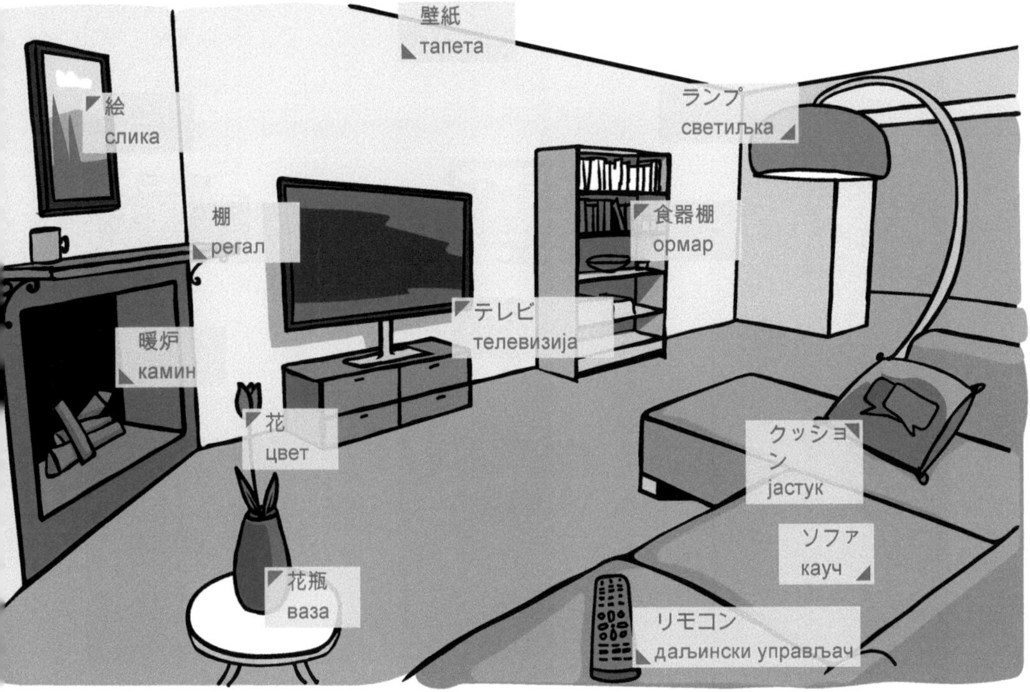
壁紙
тапета
絵
слика
ランプ
светиљка
棚
регал
食器棚
ормар
テレビ
телевизија
暖炉
камин
花
цвет
クッション
јастук
ソファ
кауч
花瓶
ваза
リモコン
даљински управљач

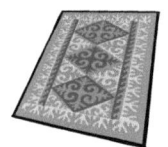

カーペット

тепих

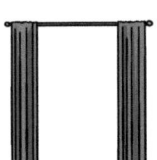

カーテン

завеса

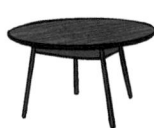

テーブル

сто

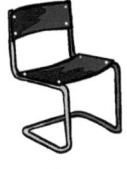

椅子

столица

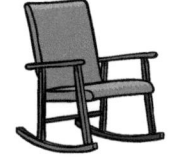

ロッキングチェア

столица за њихање

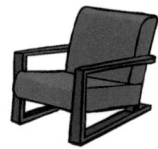

ひじ掛け椅子

фотеља

本
....
књига

毛布
....
дека

飾り
....
декорација

たきぎ
....
дрво за огрев

映画
....
филм

ステレオ
....
хи-фи уређај

鍵
....
кључ

新聞
....
новине

絵画
....
слика на платну

ポスター
....
постер

ラジオ
....
радио

メモ帳
....
блок за писање

掃除機
....
усисивач

サボテン
....
кактус

ろうそく
....
свећа

台所

кухиња

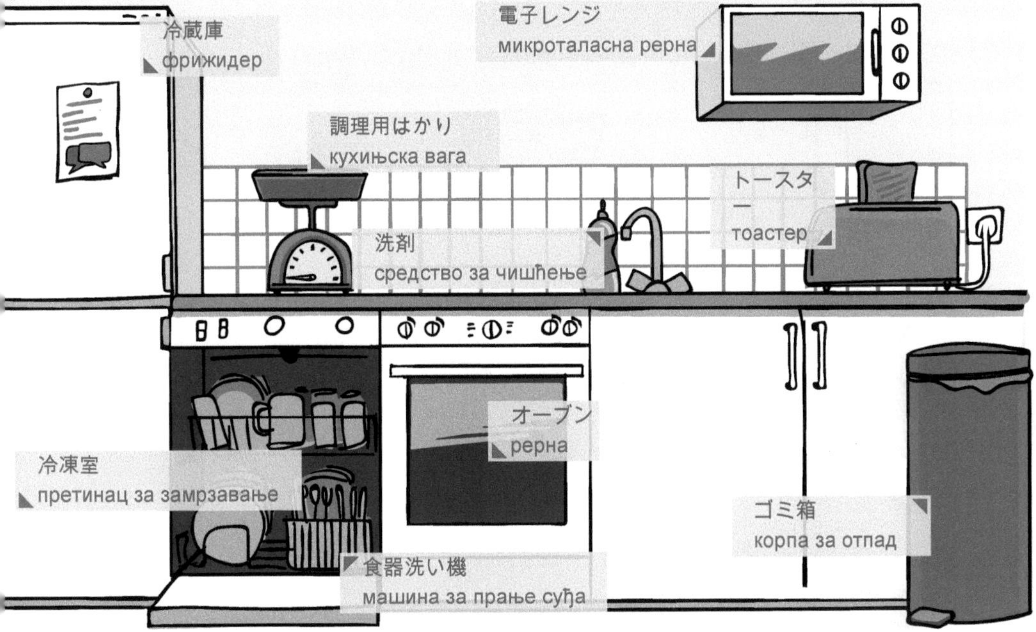
冷蔵庫
фрижидер
電子レンジ
микроталасна рерна
調理用はかり
кухињска вага
トースタ
ー
тоастер
洗剤
средство за чишћење
オーブン
рерна
冷凍室
претинац за замрзавање
ゴミ箱
корпа за отпад
食器洗い機
машина за прање суђа

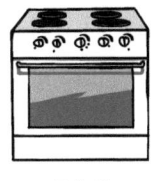

こんろ

шпорет

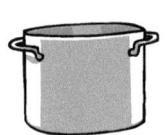

鍋

лонац

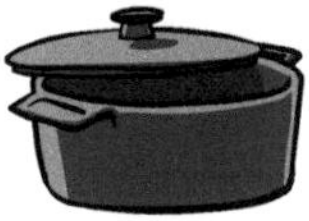

鉄鍋

гвоздени лонац

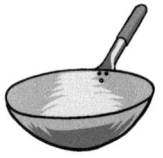

中華鍋/ カダイ鍋

вок / кадаи

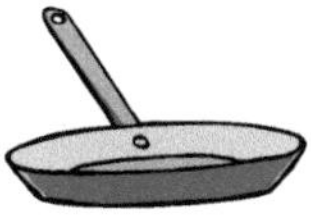

フライパン

тава

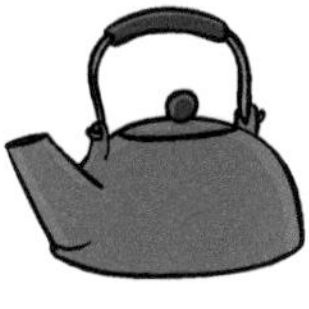

やかん

кувало за воду

蒸し器

кувало на пару

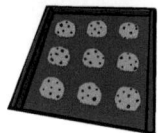

天板

лим за печење

食器

посуђе

マグカップ

чаша

ボウル

посуда

箸

штапићи за jело

おたま

кутлача

へら

лопатица

泡立て器

пењача

こし器

сито за куванье

ふるい

сито

すりおろし器

рибеж

すり鉢

мужар

バーベキュー

роштиљ

かまど

огњиште

まな板

даска

麺棒

оклагија

栓抜き

вадичеп

缶

конзерва

缶切り

отварач конзерви

鍋つかみ

крпа за лонац

流し

судопер

ブラシ

четка

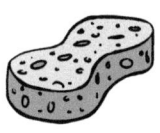

スポンジ

сунђер

ミキサー

миксер

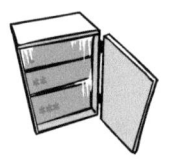

冷凍庫

замрзивач

哺乳瓶

флашица за бебе

蛇口

славина за воду

浴室

купаоница

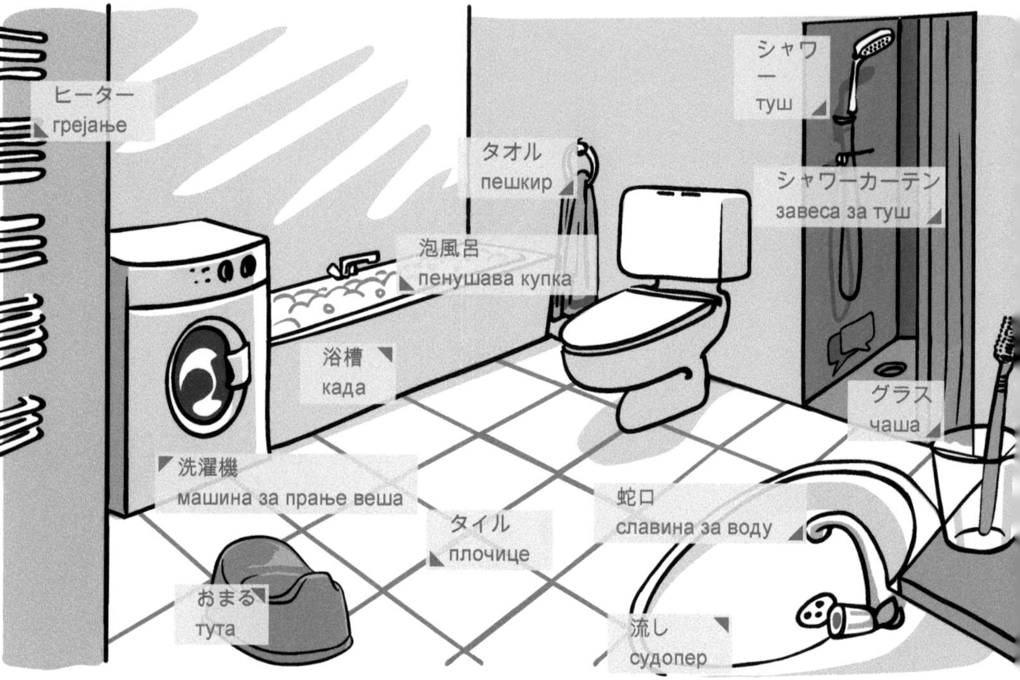

ヒーター
грејање
シャワー
туш
タオル
пешкир
シャワーカーテン
завеса за туш
泡風呂
пенушава купка
浴槽
када
グラス
чаша
洗濯機
машина за прање веша
蛇口
славина за воду
タイル
плочице
おまる
тута
流し
судопер

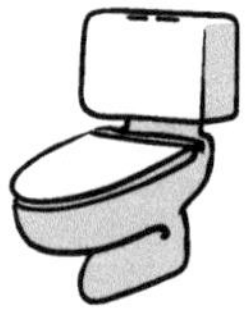

トイレ

тоалет

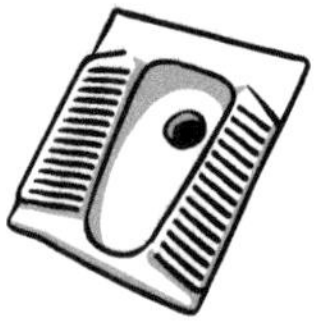

和式トイレ

чучавац

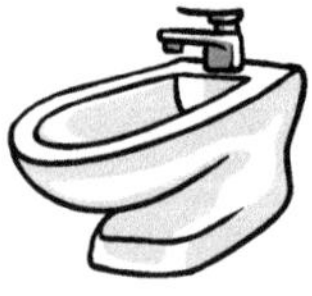

ビデ

бидет

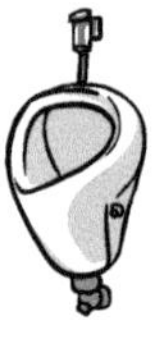

小便器

писоар

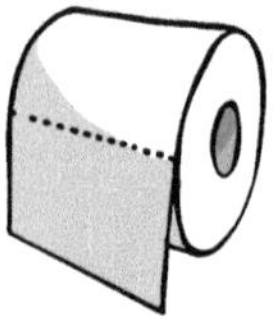

トイレットペーパー

тоалетни папир

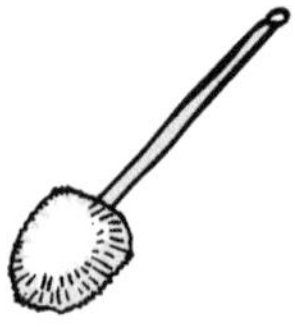

トイレブラシ

четка за тоалет

歯ブラシ

четкица за зубе

歯みがき

паста за зубе

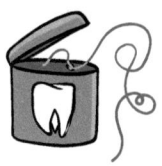

デンタルフロス

конац за зубе

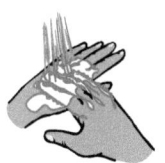

洗う

прати

シャワーヘッド

туш ручица

ハンドビデ

туш за прање интимних делова

洗面台

лавор

ボディブラシ

четка за прање леђа

石鹸

сапун

シャワー用ジェル

гел за туширање

シャンプー

шампон

浴用タオル

крпа за прање

排水口

одвод

クリーム

крема

消臭

дезодоранс

浴室 - купаоница

鏡

огледало

手鏡

козметичко огледало

かみそり

бријач

シェービング・フォーム

пена за бријање

アフターシェーブローショ

лосион за после бријања

櫛

чешаљ

ブラシ

четка

ドライヤー

фен за косу

ヘアスプレー

спреј за косу

化粧

шминка

口紅

руж за усне

マニキュア

лак за нокте

脱脂綿

вата

爪切り

маказе за нокте

香水

парфем

洗面用具入れ

козметичка торбица

スツール

столица

体重計

вага

バスローブ

огртач

ゴム手袋

рукавице за чишћење

タンポン

тампон

生理用ナプキン

уложак

ケミカルトイレ

хемијски тоалет

子供部屋

дечија соба

目覚まし時
計
будилник
ぬいぐるみ
плишана играчка
おもちゃの自動
車
ауто играчка
がらがら
звечка
ドール・ハウス
кућица за лутке
プレゼン
ト
поклон

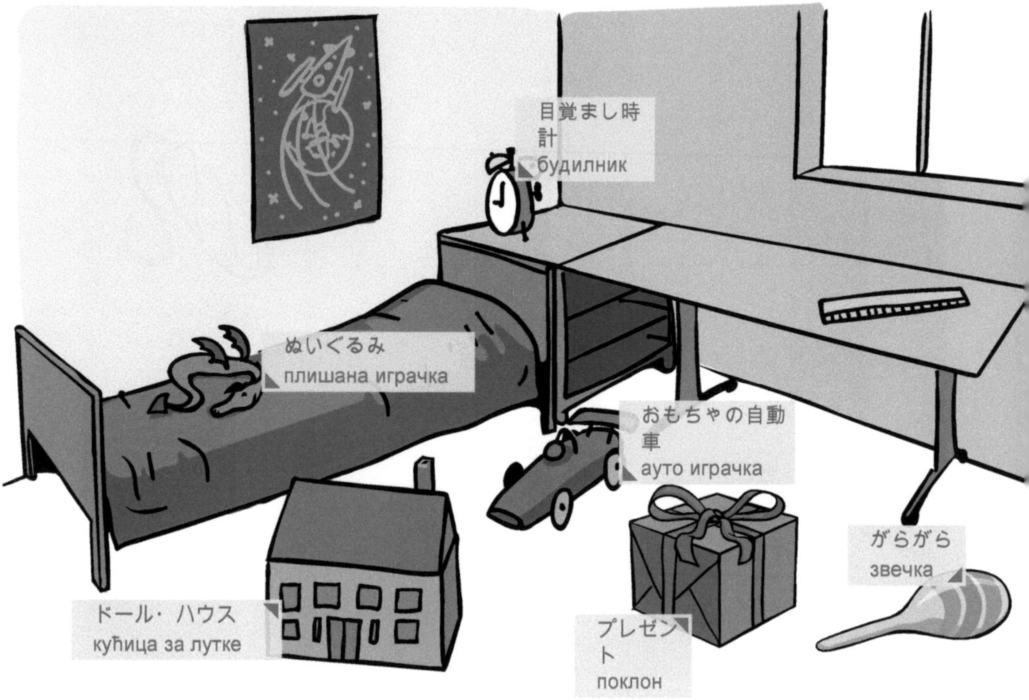

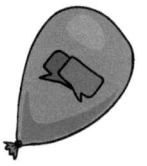

風船

балон

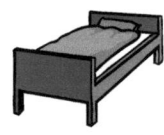

ベッド

кревет

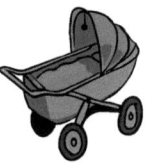

ベビーカー

дјечија колица

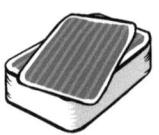

カードゲーム

игра са картама

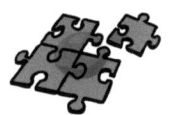

ジグソーパズル

слагалица

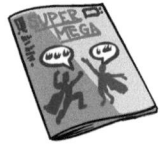

漫画

стрип

レゴ

лего коцкице

玩具ブロック

коцкице за слагање

アクションフィギュア

акциони јунак

ロンパース

бенкица за бебе

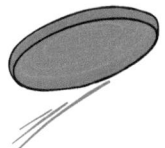

フリスビー

фризби

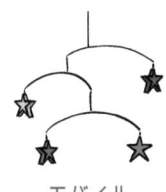

モバイル

висеће играчке

ボードゲーム

друштвене игре

さいころ

коцка

鉄道模型

минијатурна жељезница

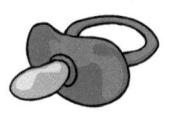

おしゃぶり

дуда

パーティー

забава

絵本

сликовница

ボール

лопта

人形

лутка

遊ぶ

играти

子供部屋 - дечија соба

砂場

пешчаник

ブランコ

љуљачка

おもちゃ

играчка

ゲーム機

конзола за игре

三輪車

трицикл

テディベア

теди

衣装ダンス

ормар

衣服

одећа

靴下

кратке чарапе

ストッキング

чарапе

タイツ

хулахопке

スカーフ
шал

ベルト
каиш

雨傘
кишобран

Tシャツ
мајица

スニーカー
патике

ブーツ
чизме

スリッパ
папуче

サンダル
сандале

靴
ципеле

ゴム長靴
гумене чизме

パンツ
гаћице

ブラ
грудњак

ベスト
поткошуља

衣服 - одећа

ボディースーツ

боди

ズボン

панталоне

ジーンズ

фармерке

スカート

сукња

ブラウス

блуза

シャツ

кошуља

セーター

џемпер

パーカー

џемпер с капуљачом

ブレザー

сако

ジャケット

јакна

コート

мантил

レインコート

кабаница

服装

костим

ドレス

хаљина

ウェディングドレス

венчаница

スーツ

одело

ナイトガウン

спаваћица

パジャマ

пиџама

サリー

сари

ヘッドスカーフ

марама за главу

ターバン

турбан

ブルカ

бурка

カフタン

кафтан

アバヤ

абаја

水着

купаћи костим

トランクス

купаће гаћице

半ズボン

кратке панталоне

スウェットスーツ

одећа за тренинг

エプロン

кецеља

手袋

рукавице

ボタン

дугме

メガネ

наочаре

ブレスレット

наруквица

ネックレス

огрлица

指輪

прстен

イヤリング

наушница

帽子

капа

ハンガー

вешалица

帽子

шешир

ネクタイ

кравата

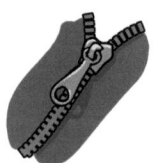

ファスナー

патент затварач

ヘルメット

кацига

サスペンダー

нараменице

制服

школска униформа

ユニフォーム

униформа

衣服 - одећа

よだれかけ

подбрадак

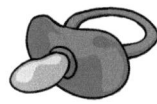

おしゃぶり

дуда

おむつ

пелена

オフィス

канцеларија

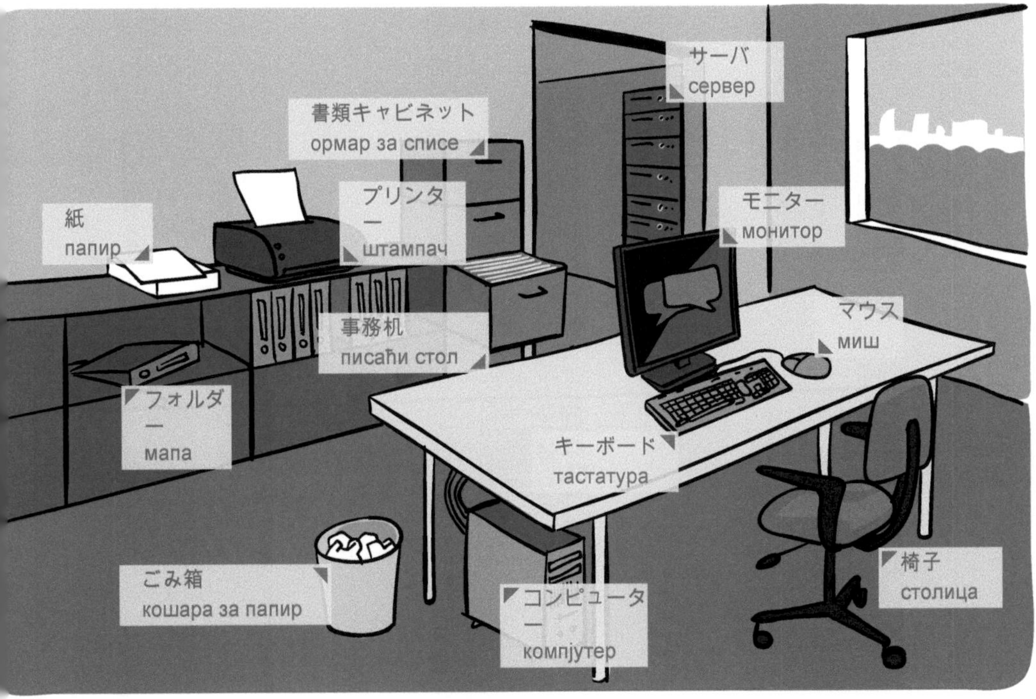

書類キャビネット
ормар за списе

プリンター
штампач

サーバ
сервер

紙
папир

モニター
монитор

事務机
писаћи сто

マウス
миш

フォルダー
мапа

キーボード
тастатура

椅子
столица

ごみ箱
кошара за папир

コンピューター
компјутер

コーヒーマグ

шалица за каву

計算機

калкулатор

インターネット

интернет

ラップトップ

лаптоп

手紙

писмо

メッセージ

порука

携帯電話

мобилни телефон

ネットワーク

мрежа

コピー機

уређај за копирање

ソフトウェア

софтвер

電話

телефон

コンセント

утичница

ファックス

фако

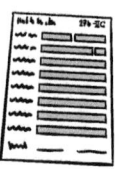

フォーム

формулар

書類

документ

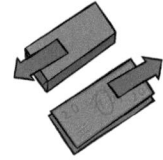

買う
....
купова́ти

支払う
....
плати́ти

取引する
....
тргова́ти

お金
....
но́вац

ドル
....
до́лар

ユーロ
....
е́вро

円
....
јен

ルーブル
....
ру́бља

スイスフラン
....
шва́јцарски фра́нак

人民元
....
ренми́ндби јуа́н

ルピー
....
ру́пија

キャッシュポイント
....
аутома́т за но́вац

両替所

мењачница

金

злато

銀

сребро

油

нафта

エネルギー

енергија

価格

цена

契約

уговор

税金

порез

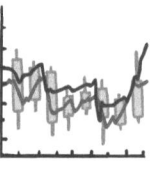

株

деонице

働く

радити

従業員

службеник

雇用主

послодавац

工場

фабрика

ショップ

продавница

職業

занимања

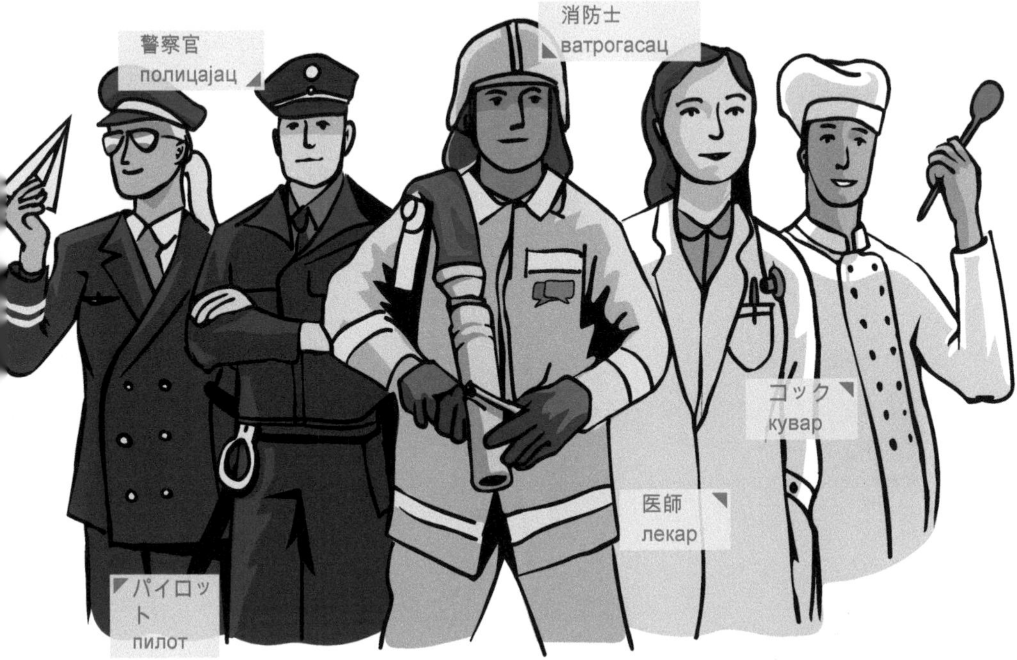
警察官
полицајац
消防士
ватрогасац
コック
кувар
医師
лекар
パイロット
пилот

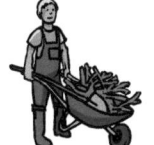

庭師

вртлар

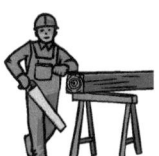

大工

столар

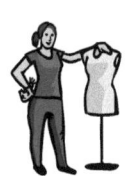

お針子

кројачица

裁判官

судија

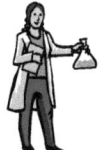

化学者

хемичар

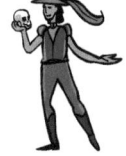

俳優

глумац

バスの運転手

возач аутобуса

タクシー運転手

возач таксија

漁師

рибар

掃除婦

чистачица

屋根ふき職人

кровопокривач

ウェイター

конобар

ハンター

ловац

塗装工

сликар

パン屋

пекар

電気工

електричар

建設作業員

грађевински радник

エンジニア

инжењер

肉屋

месар

配管工

лимар

郵便配達人

поштар

軍人

војник

建築家

архитекта

レジ係

благајник

花屋

цвећар

美容師

фризер

車掌

кондуктер

機械工

механичар

キャプテン

капетан

歯科医

зубар

科学者

научник

ラビ

раби

イスラム導師

имам

修道士

монах

牧師

свећеник

職業 - занимања

道具

алати

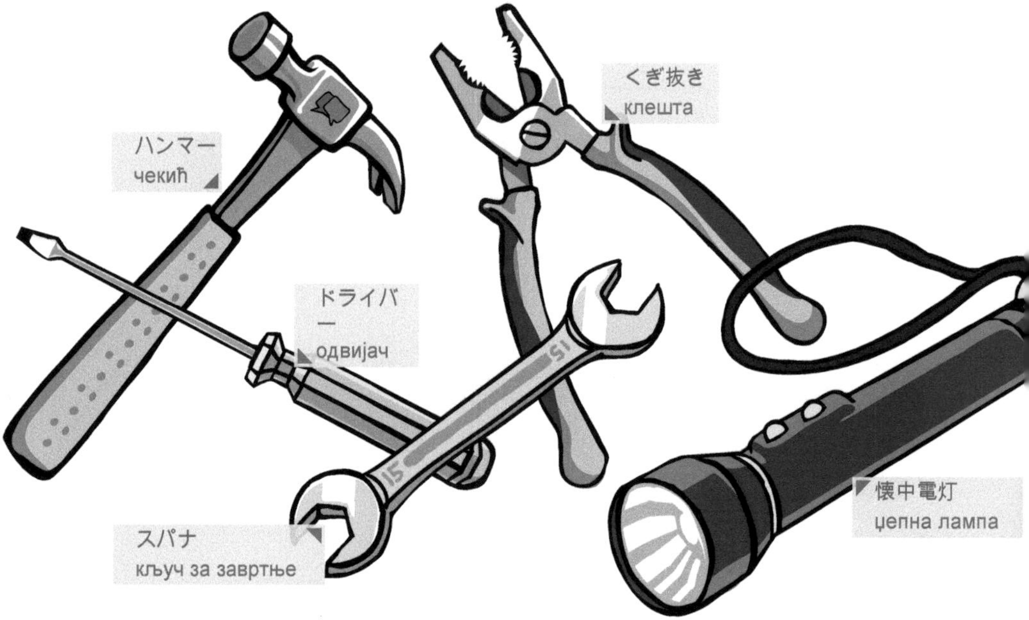

ハンマー
чекић
くぎ抜き
клешта
ドライバー
одвијач
スパナ
кључ за завртње
懐中電灯
џепна лампа

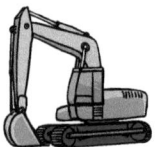

掘削機

багер

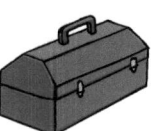

道具箱

кутија за алат

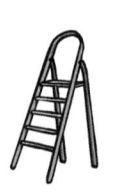

はしご

мердевине

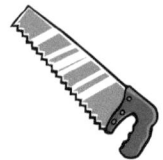

のこぎり

пила

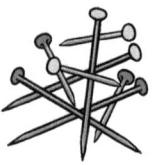

釘

ексер

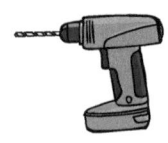

ドリル

бушилица

修理する

поправити

シャベル

лопата

クソ！

до ђавола!

ちりとり

лопатица

ペンキ缶

лонац за боју

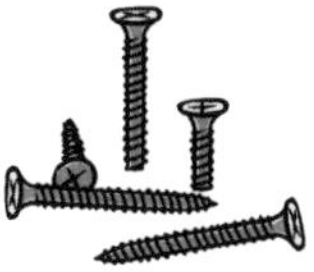

ネジ

завртањи

楽器

музички инструмент

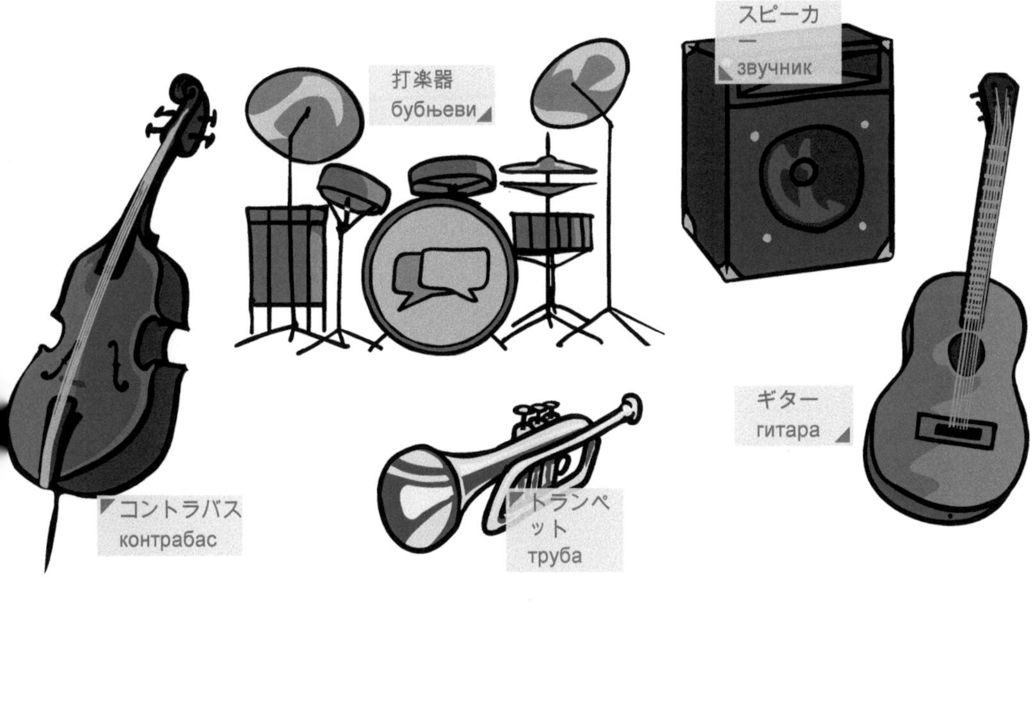

打楽器
бубњеви

スピーカ
звучник

コントラバス
контрабас

トランペット
труба

ギター
гитара

ピアノ

クラビル

バイオリン

виолина

バス

бас

ティンパニ

тимпани

ドラム

удараљке за бубњеве

キーボード

типке клавира

サックス

саксофон

フルート

флаута

マイクロフォン

микрофон

楽器 - музички инструмент

動物園

зоолошки врт

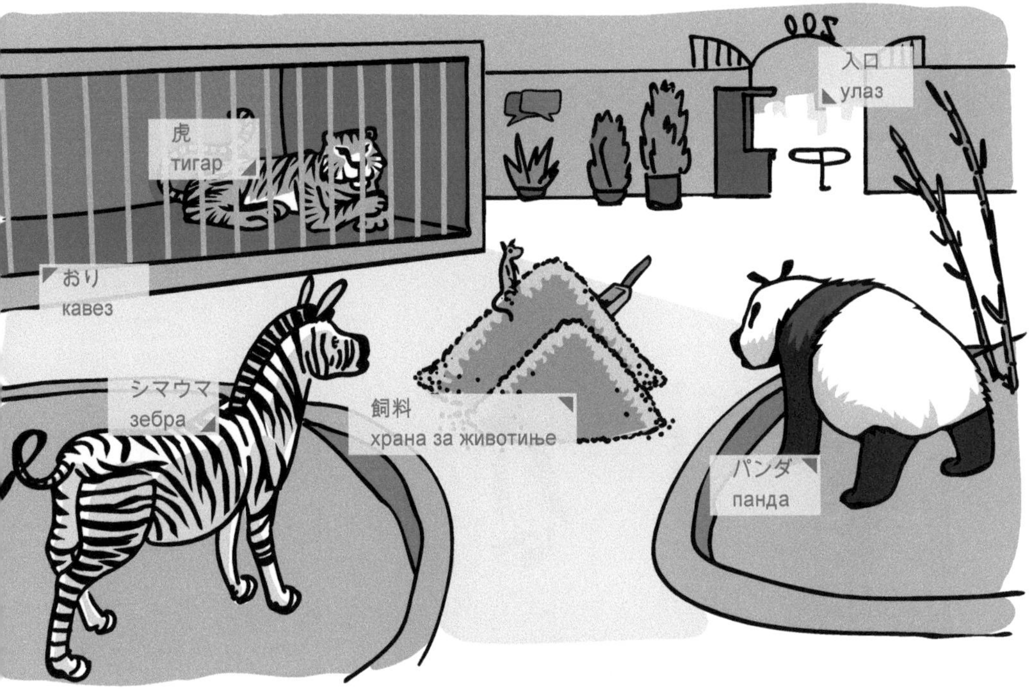

虎
тигар
おり
кавез
入口
улаз
シマウマ
зебра
飼料
храна за животиње
パンダ
панда

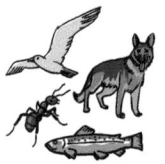

動物

животиње

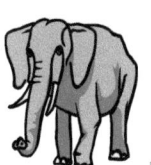

象

слон

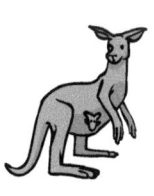

カンガルー

кенгур

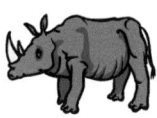

サイ

носорог

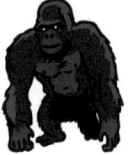

ゴリラ

горила

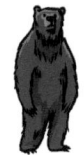

熊

медвед

ラクダ

камила

ダチョウ

ној

ライオン

лав

猿

мајмун

フラミンゴ

фламинго

オウム

папагај

白クマ

поларни медвед

ペンギン

пингвин

サメ

ајкула

クジャク

паун

蛇

змија

ワニ

крокодил

飼育係

чувар у зоолошком врту

アザラシ

туљан

ジャガー

јагуар

ポニー

пони

ヒョウ

леопард

カバ

нилски коњ

キリン

жирафа

鷲

орао

雄豚

дивља свиња

魚

риба

亀

корњача

セイウチ

морж

狐

лисица

ガゼル

газела

アメフト
амерички ногомет

サイクリング
бициклизам

テニス
тенис

バスケット
ボール
кошарка

水泳
пливање

ボクシング
бокс

アイスホッケー
хокеј на леду

サッカー
фудбал

バドミントン
бадминтон

陸上競技
атлетика

ハンドボール
ракомет

スキー
скијање

ポロ
поло

活動

активности

笑う
смејати се
跳ぶ
скочити
抱きしめる
загрлити
歩く
ићи
歌う
певати
夢見る
сањати
祈る
молити се
キス
пољубити

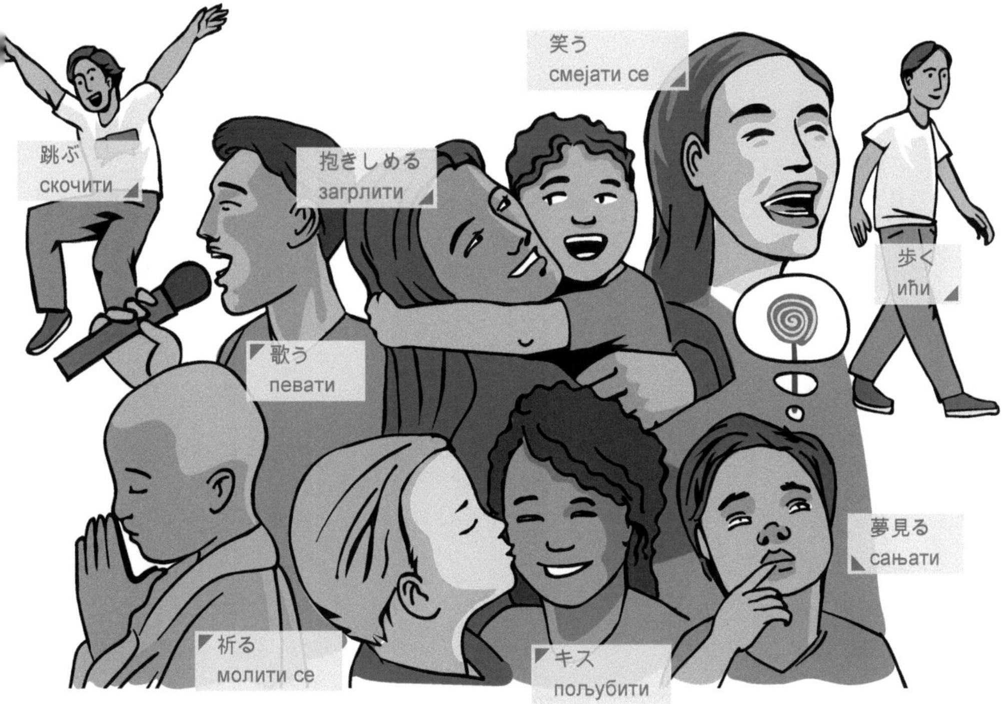

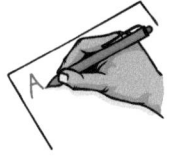

書く
писати

描く
цртати

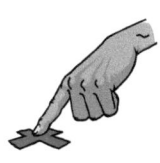

示す
показати

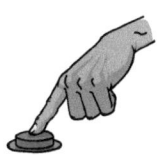

押す
гурати

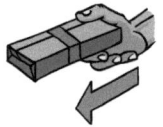

与える
дати

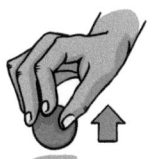

取る
узети

持っている

имати

する

чинити

ある

бити

立つ

стојати

走る

трчати

引く

повлачити

投げる

бацити

落ちる

падати

横たわっている

лежати

待つ

чекати

運ぶ

носити

座る

седити

着る

облачити

眠る

спавати

目が覚める

пробудити се

見る

гледати

泣く

плакати

なでる

миловати

櫛ですく

чешљати

話す

говорити

理解する

разумети

質問する

питати

聞く

слушати

飲む

пити

食べる

јести

片づける

поспремити

愛する

волети

料理する

кухати

運転する

возити

飛ぶ

летети

活動 - активности

ヨットに乗る

пловити

計算する

рачунати

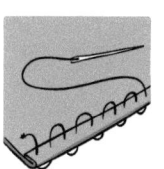

読む

читати

学ぶ

учити

働く

радити

結婚する

венчати се

縫う

шити

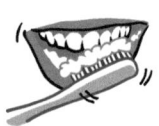

歯を磨く

прати зубе

殺す

убити

喫煙する

пушити

送る

послати

祖母
бака

祖父
деда

父
отац

母
мајка

赤ん坊
беба

娘
ћерка

息子
син

お客様

гост

おば

тетка

おじ

ујак, стриц

兄弟

брат

姉妹

сестра

体
тело

ひたい
чело
目
око
顔
лице
あご
брада
胸
груди
指
прст
手
рука
腕
рука
肩
раме
脚
нога

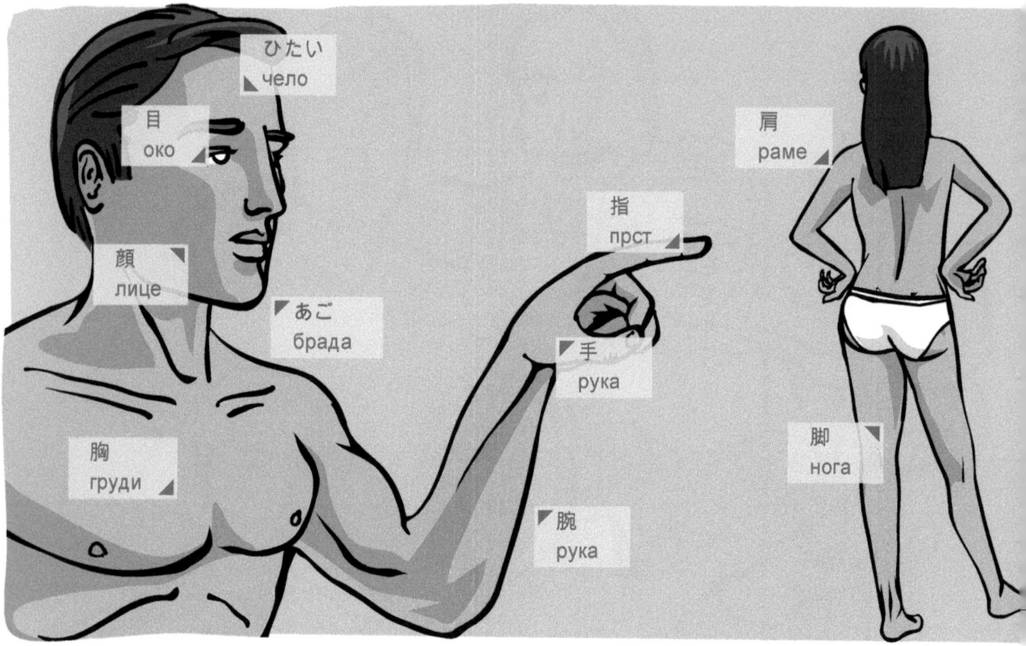

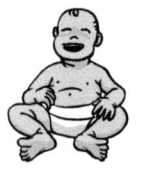

赤ん坊
беба

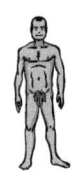

男性
мушкарац

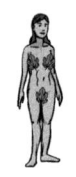

女性
жена

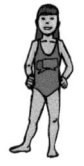

少女
девојчица

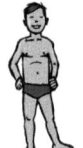

少年
дечак

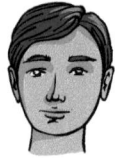

頭
глава

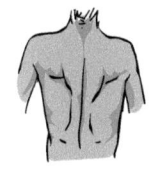

背中

леђа

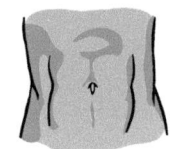

腹

стомак

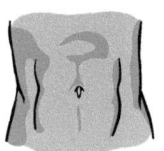

へそ

пупак

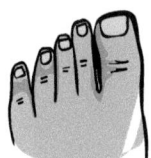

足指

ножни прст

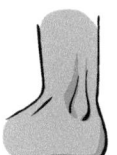

かかと

пета

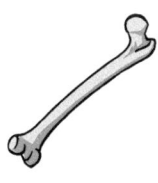

骨

кост

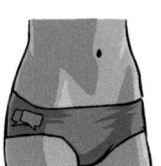

腰

кукови

ひざ

колено

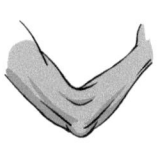

ひじ

лакат

鼻

нос

尻

задњица

皮膚

кожа

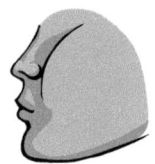

頬

образ

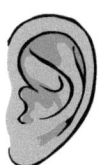

耳

уво

唇

усна

体 - тело

口
уста

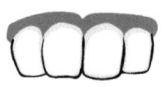

歯
зуб

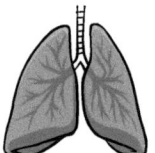

舌
језик

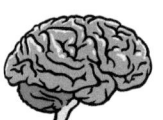

脳
мозак

心臓
срце

筋肉
мишић

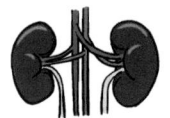

肺
плућа

肝臓
јетра

胃
желудац

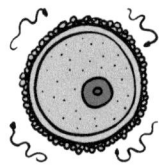

腎臓
бубрези

セックス
полни однос

コンドーム
кондом

卵細胞
јајна ћелија

精液
сперма

妊娠
трудноћа

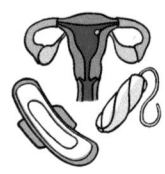

月経

менструација

膣

вагина

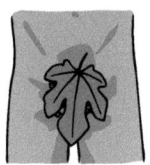

ペニス

пенис

眉

обрва

髪

коса

首

врат

体 - тело

病院
болница

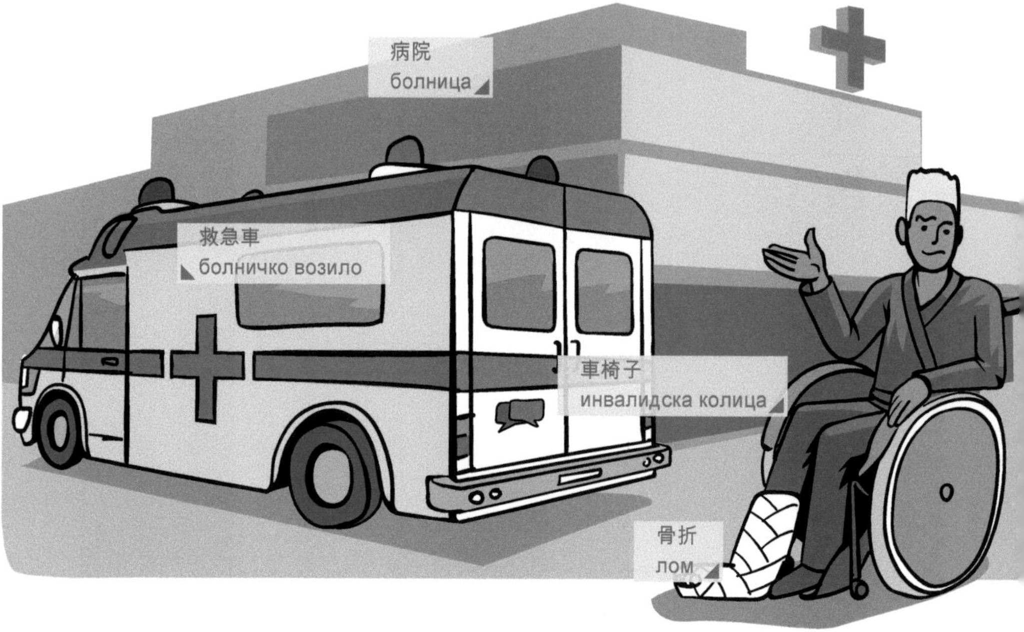

病院
болница
救急車
болничко возило
車椅子
инвалидска колица
骨折
лом

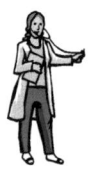

医師

лекар

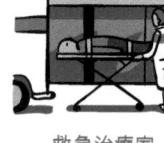

救急治療室

хитна медицинска служба

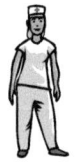

看護師

медицинска сестра

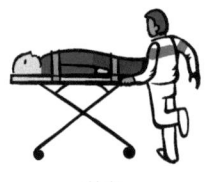

救急

хитни случај

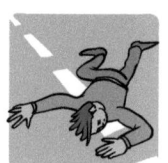

失神

несвест

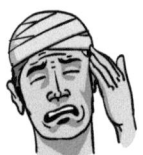

痛み

бол

けが

повреда

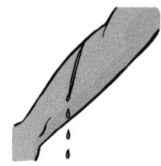

出血

крварење

心臓発作

срчани удар

脳卒中

удар

アレルギー

алергија

咳

кашаљ

熱

грозница

インフルエンザ

грипа

下痢

пролив

頭痛

главобоља

癌

рак

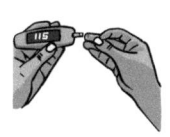

糖尿病

дијабетес

外科医

хирург

外科用メス

скалпел

手術

операција

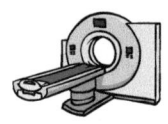

CT

цт

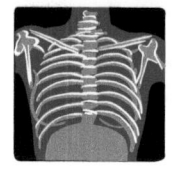

レントゲン

рентген

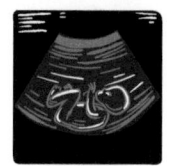

超音波

ултразвук

マスク

маска

病気

болест

待合室

чекаона

松葉づえ

штака

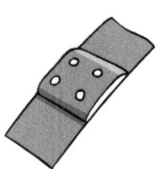

ばんそうこう

фластер

包帯

завој

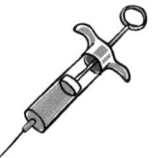

注射

ињекција

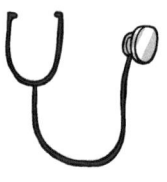

聴診器

стетоскоп

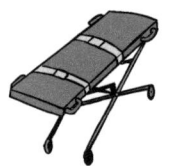

担架

носила

体温計

термометар

出産

рођење

肥満

прекомерна тежина

補聴器

слушни апарат

消毒剤

средство за дезинфекцију

感染

инфекција

ウイルス

вирус

HIV / エイズ

хив / аидс

内服薬

медицина

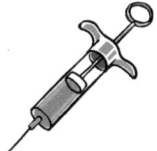

予防接種

вакцинација

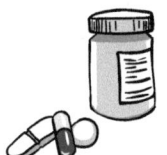

錠剤

таблете

ピル

пилула

緊急電話

хитни позив

血圧計

уређај за мерење
притиска

病気の　/　健康な

болесно / здраво

助けて！

помоћ!

アラーム

аларм

暴行

насртај

攻撃

напад

危険

опасност

非常口

излаз у случају нужде

火事だ！

пожар!

消火器

противпожарни апарат

事故

незгоца

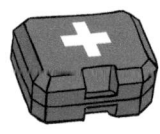

救急箱

кутија прве помоћи

SOS

сос

警察

полиција

ヨーロッパ

Европа

北米

Северна Америка

南米

Јужна Америка

アフリカ

Африка

アジア

Азија

オーストラリア

Аустралија

大西洋

Атлантик

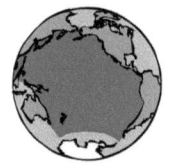

太平洋

Пацифик

インド洋

Индијски океан

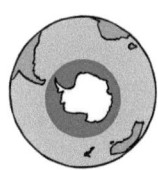

南極海

Антарктички океан

北極海

Арктички океан

北極

Северни рол

南極

Јужни рол

南極大陸

Антарктик

地球

земља

陸

земља

海

море

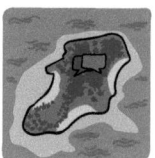

島

оток

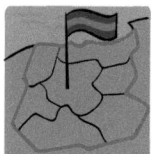

国家

нација

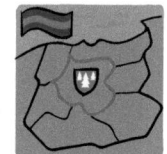

国家

држава

文字盤

бројчаник сата

短針

сатна казаљка

長針

минутна казаљка

秒針

секундна казаљка

何時ですか？

Колико је сати?

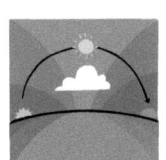

日

дан

時間

време

現在

сада

デジタル時計

дигитални сат

分

минута

時間

час

月曜 понедељак
水曜 среда
金曜 петак
МО
TU
W
TH
FR
SA
SO
火曜 уторак
土曜 субота
木曜 четвртак
日曜 недеља

昨日
jуче

今日
данас

明日
сутра

朝
jутро

昼
подне

夜
вече

営業日
радни дани

週末
викенд

雨
киша

虹
дуга

風
ветар

雪
снег

春
пролеће

夏
лето

秋
јесен

冬
зима

天気予報

метеоролошка прогноза

温度計

термометар

日差し

сунчана светлост

雲

облак

霧

магла

湿度

влажност ваздуха

雷
....
муња

雷
....
грмљавина

嵐
....
олуја

ひょう
....
туча

季節風
....
монсун

洪水
....
поплава

氷
....
лед

1月
....
јануар

2月
....
фебруар

3月
....
март

4月
....
април

5月
....
мај

6月
....
јуни

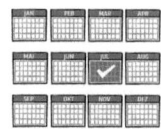

7月
....
јули

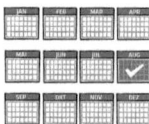

8月
....
август

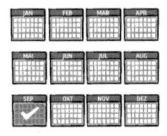

9月
....
септембар

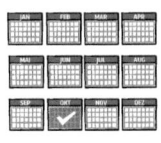

10月
....
октобар

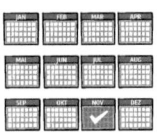

11月
....
новембар

12月
....
децембар

形

облици

円
....
круг

正方形
....
квадрат

長方形
....
правоугао

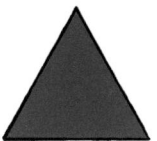

三角
....
троугао

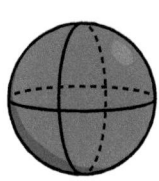

球
....
кугла

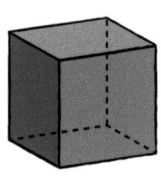

立方体
....
коцка

形 - облици

боје

白
....
бела

黄
....
жута

オレンジ
....
наранџаста

ピンク
....
ружичаста

赤
....
црвена

紫
....
љубичаста

青
....
плава

緑
....
зелена

茶
....
смеђа

灰色
....
сива

黒
....
црна

多い ／ 少ない

много / мало

怒っている ／
落ち着いている
љутито / мирно

美しい ／ 醜い

лепо / ружно

初め ／ 終わり

почетак / крај

大きい ／ 小さい

велико / малено

明るい ／ 暗い

светло / тамно

兄弟 ／ 姉妹

брат / сестра

清潔な ／ 汚い

чисто / прљаво

完全な ／ 不完全な

потпуно / непотпуно

日中 ／ 夜

дан / ноћ

死んだ ／ 生きている

мртво / живо

幅広い ／ 狭い

широко / уско

食べられる　/
食べられない
јестиво / нејестиво

悪意のある　/　親切な
зло / добро

興奮している　/
退屈じている
узбуђено / досадно

太った　/　痩せた
дебело / мршаво

最初に　/　最後に
на почетку / на крају

友人　/　敵
пријатељ / непријатељ

いっぱいの　/　空の
пуно / празно

硬い　/　柔らかい
тврдо / мекано

重い　/　軽い
тешко / лагано

空腹　/　喉の渇き
глад / жеђ

病気の　/　健康な
болесно / здраво

違法な　/　合法な
илегално / легално

賢い　/　愚かな
паметно / глупо

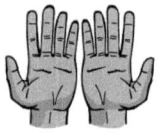

左に　/　右に
лево / десно

近い　/　遠い
близу / далеко

新しい ／ 中古の

ново / половно

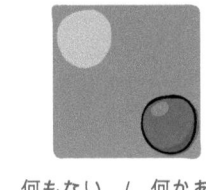

何もない ／ 何かある

ништа / нешто

老いた ／ 若い

старо / младо

オン ／ オフ

укључено / искључено

開いている ／
閉まっている

отворено / затворено

静かな ／ うるさい

тихо / гласно

裕福な ／ 貧乏な

богато / сиромашно

正しい ／ 間違っている

тачно / погрешно

粗い ／ なめらか

храпаво / глатко

悲しい ／ 幸せな

тужно / сретно

短い ／ 長い

кратко / дуго

ゆっくり ／ 速い

полако / брзо

濡れた ／ 乾いた

мокро / сухо

温かい ／ 冷たい

топло / хладно

戦争 ／ 平和

рат / мир

0

ゼロ

нула

1

1

један

2

2

два

3

3

три

4

4

четири

5

5

пет

6

6

шест

7

7

седам

8

8

осам

9

9

девет

10

10

десет

11

11

једанаест

12
12
....
дванаест

13
13
....
тринаест

14
14
....
четрнаест

15
15
....
петнаест

16
16
....
шеснаест

17
17
....
седамнаест

18
18
....
осамнаест

19
19
....
деветнаест

20
20
....
двадесет

100
100
....
стотину

1.000
1000
....
хиљаду

1.000.000
100万
....
милион

数 - бројеви

英語
енглески

アメリカ英語
амерички енглески

中国標準語
мандарински кинески

ヒンディー語
хиндски

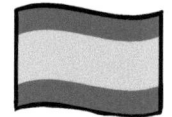

スペイン語
шпански

フランス語
француски

アラビア語
арапски

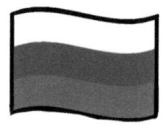

ロシア語
руски

ポルトガル語
португалски

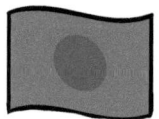

ベンガル語
бенгалски

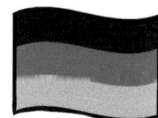

ドイツ語
немачки

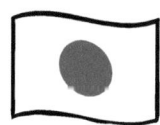

日本語
jапански

私

ja

あなた

ти

彼 / 彼女 / それ

он / она / оно

私たち

ми

あなたたち

ви

彼ら

они

誰？

Ко?

何？

Шта?

どうやって？

Како?

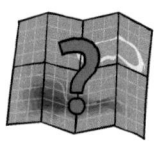

どこ？

Где?

いつ？

Када?

名前

име

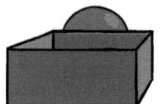

後ろ

иза

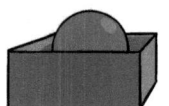

中

у

前

испред

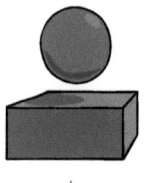

上

преко

上

на

下

испод

横

поред

間

између

場所

место